Für Dich

Michael Lang/ Andreas Zellmann:
Wunderplunder – ein Stammelsurium

Neuthor-Verlag
64720 Michelstadt

ISBN 3-88758-079-6

Erstausgabe 1999

Layoutgestaltung: sven orth di'zain, Michelstadt
Druck: Druckwerkstatt, Darmstadt

Alle Rechte bei den Autoren
Text © Michael Lang
Illustration © Andreas Zellmann

Kein Teil dieser Veröffentlichung darf ohne vorherige schriftliche Genehmigung in irgendeiner Form genutzt werden, einschließlich auszugsweisen Nachdrucks, Speicherung oder Übertragung sowie Fotokopie, fotomechanischer Wiedergabe oder Digitalisierung.

Vorwort

Um dieses Büchlein lesen zu können, braucht es nicht viel. Endgültig öffnen wird es sich allerdings nur demjenigen, der es auch versteht. Und dazu gehört einiges. Als erstes ist hier ein gesunder Sinn für kranken Unsinn zu nennen. Einfühlungsvermögen ins Abstruse, Offenheit fürs Unverständliche und eine gehörige Portion Schrägheit sind der Sache äußerst dienlich. Derjenige, der hinter jedem Gedicht eine besondere »Message« erwartet, wird genauso enttäuscht sein wie der, dessen Ziel es ist, die tiefere Bedeutung der Illustrationen zu analysieren. Sollte trotz des hier erwähnten Rüstzeuges etwas unverständlich bleiben, so kann dies durchaus so sein. Machen sie sich keine Gedanken. Gewonnen haben wir, wenn sich bei der Lektüre dann und wann ein Lächeln einstellt. Und bitte: Nehmen sie den Inhalt nicht allzu ernst. Herrn Heinrich Funke, dessen jüngeren Bruder, Herrn Klabunke, sowie das Fräulein Brigitte bitten wir von einer Anzeige abzusehen. Es sind nämlich ganz andere Personen. Sie tragen nur zufällig die gleichen Namen.

Nun denn, frisch gewagt!

Michael Lang
Andreas Zellmann

Inhalt

Erstes Kapitel
Profunder Schund mit Hintergrund — 9

Zweites Kapitel
Kleine Kunde der Dichterrunde — 61

Drittes Kapitel
Fabelmund und Zufallsfund — 73

Viertes Kapitel
Unumwunden aufgebunden — 111

Fünftes Kapitel
Runde Befunde für die Sekunde — 135

Erstes Kapitel

Profunder Schund mit Hintergrund

Der Wettbewerb

Samstag nacht im Weinlokal
trifft man sich im großen Saal.
Denn das in Lokalen Weinen,
ist nicht nur was für die Kleinen.
Jung und Alt, die weinen alle;
greinen mit gar lautem Schalle.
Denn heute geht es, rein vokal,
um den kleinen Weinpokal.

Als sie schon recht traurig scheinen
und sich grad zum Weinen einen,
kommt herein mit all den Seinen
und verhält sich völlig still,
einer der nicht weinen will.

Leise, auf ganz kleinen Beinen
– Es scheint alles noch im Reinen –
schleicht er sich mit einem Mal
zu dem kleinen Weinpokal.
Sein Gesicht, es wirkt sehr fahl,
und der Kopf ist fast schon kahl,
greift er, oh welch große Qual,
nach dem Gral hier in dem Saal!
Keiner hatte eine Wahl.

Nun beginnt ein lautes Weinen
von den Großen und den Kleinen.
Und es will auch fast so scheinen,
ja, man könnt es wirklich meinen,
daß einer hier am feinsten weint,
was auch Reiner nicht verneint.
Der verläßt dann gleich mit Steiner,
dieser ist so ein ganz Kleiner,
heut bekannt als »Weiner-Steiner«,
schleichend gleich das Weinlokal.
Ohne kleinen Weinpokal!

Cafe Absence

Dicke, fette Witwen schwitzen
auf kleinen Kaffeehaussitzen,
träumen von vergangner Zeit,
als sie war'n noch nicht so breit.
Wiegen im Takt ihre Hüften,
verzaubern die Herren mit Düften.

Fangen die Männer mit weiblichen Waffen,
verführen dann die, die am lustvollsten gaffen.
Bezirzen so manchen wehrlosen Bock
durch Raffen des rosa Unterrock.
Spielen dreist das böse Spiel,
kommen immer an ihr Ziel.

Die dicke, fette Witwe schwitzt,
vom Erinnern rot erhitzt.
Greift nun an realem Orte
nach dem Stückchen Sachertorte.

Weiß, daß die Vergangenheit,
als sie stolz im Abendkleid
einen Kavalier beklommen,
schüchtern an die Hand genommen,
niemals wiederkehren wird.
Hat sich in der Zeit geirrt.

Ganz und gar in Gegenwart,
führt sie ihre Gabel zart
in das Weichteil tief hinein und
vergönnt, wie soll's auch sein:
dem Damals einen Lacher,
dem Heute ein Stück Sacher.

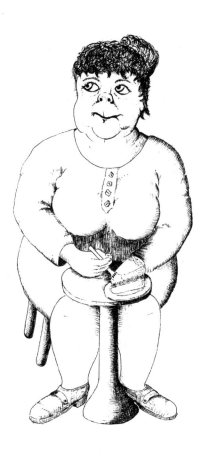

Herr von Gadern

Herr von Gadern war ein Schlemihl,
als er haderte mit Emil.
Wenn dieser ihn nur »Gadern« nannte,
das Blut in seinen Adern rannte.
Der von Gadern war sehr stolz,
schien geschnitzt aus edlem Holz!

Emil ging Annalen fragen,
was sie zu »von Gadern« sagen.
Die befanden kurz und schlicht:
den "von Gadern" gibt es nicht!
Als der Edelmann dies hört,
wirkt er plötzlich wie verstört.

Dem von Gadern, schaut! Oh weh!
schwillt der Kopf, herrjeminee!
Rastet aus und keucht ganz flach:
»Gadern bei Wald-Michelbach… !«

Das wahre Gesicht

Der Rausch, er ist vorüber.
Das Fest, es ist vorbei.
Es wurde viel gelogen,
doch dies nur nebenbei.

Man tanzte, und man lachte,
fühlte sich federleicht.
Das Glück, das man erdachte,
blieb jedoch unerreicht.

Nun siehst du dich im Spiegel
mit knittriger Visage.
Das Pferd hat seinen Striegel,
für dich bleibt die Blamage.

Der Mensch von gegenüber
tut dir ein wenig leid.
Es schaut zu dir herüber,
die nackte Wirklichkeit!

Fräulein Brigitte

eine Liedgeschichte zum Thema ›Sucht‹ in zehn Strophen

Fräulein Gitte, die sehr tüchtig
tags im Bäckerladen steht,
ist heut nacht gesetzesflüchtig,
denn sie hat ein Ding gedreht.

Gitte quält die Sucht schon lang,
dieser schrecklich starke Drang
sich dem Volk zu produzieren,
daß die Bürger nur so stieren.

Schaut, hier reißt Fräulein Brigitte
die Bluse auf fast bis zur Mitte.
Holt heraus - oh Gott, behüte!
— eine Kuvertüretüte.

Setzt mit düsterer Grimasse,
wohlüberlegt geht sie hier vor,
ein Häufchen Schokoladenmasse
drüben in der Rathausgasse
nun vor jedes Eingangstor.

Herbeigeholt von Herrn Klabunke
kommt jetzt Hauptwachtmeister Funke,
seines Zeichens jüngster Bruder
von Heinrich dem versoffnen Luder.

»Wer sich da bückt, ist doch Brigitte!«
Sieht die Bluse bis zur Mitte...,
wahrscheinlich ist dies ein Versehn,
im Dämmerscheine offenstehn.

Bei Funkes Hang zu Schokolade
kennt Brigitte keine Gnade,
macht sich dessen Sucht zum Nutzen
und läßt Herrn Funke fleißig putzen.

In diesem ist das Tier geweckt.
Mit der Zunge gierig schleckt
unter angestrengtem Schnaufen,
er die Schokoladehaufen.

In der Nacht sieht man bisweilen
zweie durch die Gassen eilen.
Hinter Schlafzimmergardinen,
spricht man dann ganz leis von ihnen:

»Guck, das Sado-Maso-Weib
spielt mal wieder den Vollstrecker!
Quält nur so zum Zeitvertreib
Funkes Schokoladenschlecker.«

Der Weg

Leo Limbach liebt Lakritze
liegend auf der Zungenspitze.
Hiermit schiebt er, ohne Daumen,
es am Kiefer bis zum Gaumen.

Lenkt dann mit gar viel Geschick
dieses weiter bis zum Knick
wo es jetzt, mein Lieber höre,
gleitet in die Speiseröhre.

Nun wird es, schon vorverdaut,
in den Magen eingebaut,
der mit seiner Arbeitskraft
am Lakritzchen weiterschafft.

Des Darmes eigne Art und Weise
führt dieses – mal laut, mal leise –
bis ans Ende seiner Reise.
Dort schließlich – ihr sollt es wissen –
wird von Limbach es geschissen.

Gefährten

Gemächlich durch das Tal mäandert
ein Bächlein, bis es kommt zum Meer.
Begleitend neben diesem wandert
ein Mensch mit Blumen am Revers.

Das Wässerchen war jüngst noch Quelle,
sieht jetzt die Flüsse und den Strom,
der fröhlich wandernde Geselle
des Abends manchen Gastronom.

So folgen sie in Eintracht weiter
ihren vorbestimmten Kurven.
Das Bächlein gluckert lustig heiter,
der Mensch verfällt in schlappes Schlurfen.

Am Ende seiner Reise Ziel
ertrinkt das Bächlein in der See.
Der Mensch hingegen sitzt in Kiel
und trinkt dort reichlich Rum mit Tee.

Auf der Flucht

Ein Stiefelpaar alleine stand
an verlassnem Ort.
Der Michel, der ist weggerannt.
Er wollte nur schnell fort.

Und fragst du nach dem Grunde
von des Trägers Schwunde,
so wird dir wohl geklagt,
Geruch war angesagt.

So geht hier noch die Kunde.

Aufruf der Gesundheitsämter

Alte Eier mit Sardellen
verweisen stets auf Salmonellen.
Der Patient im Regelfall
führt dünn ab und bricht im Schwall.

Schwimmt in Flüssen reichlich Kot,
eine ernste Krankheit droht.
Die kommt vor in Afrika,
man nennt sie die Cholera.

Recht gemein ist auch die Ruhr.
Bei uns gab es sie früher, nur:
ausgerottet ist sie nicht!
Es besteht noch Meldepflicht.

Genoß man abends viel des Weines,
bemerkt man morgens manchmal eines:
Der Stuhlgang ist ein Wasserstrich!
Das gibt sich wieder (mehrheitlich).

Auch nach fulminanten Mahlen
leidet man bisweilen Qualen.
Die permanente Darmpassage
zwingt den Anus zur Courage.

Schießt gar plötzlich Panik ein,
kann es ohne weitres sein,
daß man recht betrüblich schluckt,
wenn man in die Hose guckt.

Und die Moral von der Geschicht´?
Bei den drei letzten braucht man's nicht.
Doch bei den ersten hilft kein Fluchen,
da heißt es: einen Arzt aufsuchen!

Arbeitssuche

Ein Musikant der Flöte war,
arbeitslos schon viele Jahr'.
Das Zeugnis hatte er verschlampt.
So ging er nun aufs Arbeitsamt.

Der Beamte ihm dort sagte,
daß nach Flötisten niemand fragte.
Keine Arbeit nicht als Sänger,
geschweige denn als Rattenfänger.

»Probiern sie´s doch!« tat er nun stameln.
»Mein lieber Herr, hier ist nicht Hameln!«

Ausflugsfahrt

Auf spritziger Fahrt mit dem Automobil
wirkt Fräulein Meier ganz plötzlich skurril.
Die Mimik der Dame verhält sich abnorm,
das hübsche Gesicht, es gerät aus der Form.

So steuert die Meier, das Lenkrad umkrampfend
und mit den Füßen aufs Bodenblech stampfend
zögerlich suchend die Straße entlang,
innerlich fluchend, sie steht unter Zwang.

Frau Meier braucht dringend ein Plätzchen zum Halten,
denn drinnen im Innern da kämpfen Gewalten.
Sie plagen das Fräulein; hauptsächlich rektal.
Der ganze Prozeß ist für sie eine Qual.

Endlich ein Parkplatz! Der Rock wird gerafft.
Die Meier voll Freude sich Ruhe verschafft.
Das Geschäft ist erledigt, Frau Meier befreit.
Doch nun überfällt sie die ...Peinlichkeit.

Sie springt aus der Hocke, sie hastet zum Wagen
und spricht mit sich selbst über schlechtes Betragen.
Nach längerer Reise durchs liebliche Hessen
hat Fräulein Meier die Tat fast vergessen.

So fährt sie dahin, rezitiert ein Gedicht;
denn folgendes weiß Fräulein Meier ja nicht:
als mahnender Zeuge vom schrecklichen Kampf
entsteigt dem Gebüsch eine Wolke aus Dampf.

Eheliche Konsequenz

Hans Herbert nenn' ich Sackgesicht,
manchmal auch Stinkebärchen.
Sein Kopf sieht wie ein Fußball aus
und trägt sehr wenig Härchen.

Den Vorwurf der Boshaftigkeit
laß ich mir nicht gefallen.
Ich nehme nur sehr deutlich wahr
und sage dies auch allen.

Er fühlt sich wie ein Don Juan,
tut Frauen heiß verehren,
und glaubt, daß diese ihn auch dann
genauso heiß begehren.

Es zuckt und schwitzt sein Schweinebauch.
So ist´s seit Jahren hier schon Brauch.
Vom fetten Kinn tropft zäher Geifer,
wenn er sich liebt mit großem Eifer.

Mich sollte man dafür nicht rügen!
Gar mancher lebt mit Lebenslügen.
Was täte er denn ohne mich?
So sag ich halt: ICH LIEBE DICH!

Die Überraschung

Die Metzgersfrau mir neulich sagte,
der Sachverhalt schon lang mich plagte,
daß Fleisch ein Stück Gesundheit sei.
Es wär sehr reich an Vitaminen und Lieferant von Proteinen.
Rein vegetarisch sei vorbei.

Wer häufig ißt vom Schwein die Haxen,
dem Muskeln ohne Ende wachsen.
Und Rindergulasch -Mann sich's merke!-
erheblich die Potenz verstärke.
Was innerfamiliär bedeute,
die Zweisamkeit gewänn an Freude.
Nur Liebesglück tag ein, tag aus.

Die Manneskraft ist stets im Sinken.
Wie mir die dürren Schenkel stinken!
Veränderung ist angesagt.
Radikale Konsequenzen,
weg mit Ölen und Essenzen.
Wer nicht gewinnt, hat nichts gewagt.

Fort mit den Gemüseplätzchen und den Sojafleischersätzchen.
Hirsebrei und Bambussprossen werden ins Klosett gegossen.
Die Vollkornkost in ganzer Fülle landet auf dem Biomülle.

Also gut, Frau Metzgerin,
mach nicht lange her und hin,
so oft ich's dreh und auch noch wende,
es zählt nur der Erfolg am Ende.
Packe mir doch hübsch und fein
etwas ganz Besondres ein.

Für den hochverehrten Kunden,
was Spezielles hab' gefunden.
Wird es nur leicht angebraten,
schmeckt´s am besten sei´s geraten.
Viele Grüße an die Frau,
befolge sie den Rat genau!
Schon im Voraus geb' ich mit: einen guten Appetit!

»Herzschlag war's!« der Doktor sagte,
als ich ihn sogleich befragte
nach dem Grund vom Tod der Lieben.
Wär's ihr doch erspart geblieben:
Brodelnd köchelt in dem Topf,
ein abgetrennter Menschenkopf.

Die blanke Waffe

Vom Lotterbett springt Salome
und spricht zu dem Galan: »Oh weh!
Soeben war dein Dolch noch hier.
Wo ist er hin? Dies sage mir!«

»Noch ist er hier,« raunt der Galan,
»nur fühlt er sich jetzt anders an!«
Worauf ins Lotterbett sie startet
und auf der Waffe Rückkehr wartet.

Fräulein Suse

Notfallruf aus Leverkusen:
Büstenhalter sucht den Busen!
Vereint sind beide ausgeritten,
Busen ist herausgeglitten.

Ein Schaukeln fühlt in ihrer Bluse,
aufgeregt das Fräulein Suse.
Büstenhalter mit viel Bangen
sich im Strauchwerk hat verfangen.

Als Suse wurde dies gewahr,
erkannte sie gleich die Gefahr.
Das Mädel ritt, oh welch ein Glück,
ein gutes Stück des Wegs zurück.

Wie sich dann die Dame freute,
als sie fand des Strauches Beute!
Sie packte ein die bloßen Teile,
und ritt heim mit großer Eile.

Suse nahm die Lehre mit:
nie Galopp, sondern nur Schritt!

Kleine Geschichte vom Bilderfälscher

»Gotthold Friedrich Ehrentraut,
der berühmte Bildermaler,
ist eine ganz arme Haut.«
Sprach zu mir ein Kriminaler.

»Der Künstler hat 'nen Bruch gemacht.
Geklaut hat er die Mona Lisa
und kopierte sie bei Nacht
im Gartenhäuschen an der Isar.

Dummerweise hat er diese
dann auch noch verkauft.
Das Werk zeigt eine grüne Wiese.
Lisa wurd's getauft.«

Gemeldet hat den Kunstbetrug
der so geprellte Käufer.
Vermutete mit Recht und Fug
im Künstler einen Säufer.

Als man diesen gleich tagsdrauf
nach der Erklärung fragte,
nahm das Ganze seinen Lauf,
denn Gotthold Friedrich sagte:

»Der Tölpel übersah die Kuh
auf saftig grüner Weide.
Die habe ich gemalt dazu
mit schwarz-braun-weißer Kreide.

Ihr habe ich den süßen Namen
der Lisa zugedacht.
Die Echte hab'ich samt dem Rahmen
doch gleich zurückgebracht.

Auch habe ich ja bloß kopiert
ihres Mundes Schmunzeln,
und somit geschickt kaschiert
der Kuhmaullippen Runzeln.«

»Plausibel war dies Plädoyer.
Den Knast verließ stark angegraut,
er sagte nur ganz leis ›ade‹,
der Bildermaler Ehrentraut.«

Konfirmandenstunde

»Das Fluchen ist ein Laster.
Der liebe Gott schickt Schimpfe!
Und der, der flucht, den haßt er.
Merkt euch dies, ihr Pimpfe!«
So hörts aus Pastors Munde
die Konfirmandenrunde.

Der blonde Emil, dick und klein
fragt im Gebet: »Wie kann das sein,
daß Flüche auch noch Laster sind?
Mein Gott, so antworte geschwind!«

»Der Fluch kann nie ein Laster sein,
und dies ist auch sein Glück.
Ihm fehlt ein Weg aus Pflasterstein.«
Das gab der Herr zurück.

Die Woche drauf im Klassensaal
der Kirchenmann erschrickt.
Zu diesem spricht mit einem Mal
der Emil leicht geknickt:

»Kruzifix und Donnerkeil!
Fahr zur Hölle Herr Pastor!
Flüche fuhren – auch zum Teil –
noch nie bei Gott als Laster vor!«

Kulinarische Ökumene

Der Gong, er ruft zum Abendmahl.
Die Evangelen und Katholen
versammeln sich im Speisesaal,
den Festschmaus abzuholen.

»Das Opferlamm ist ausgegangen,
bis jetzt auch noch nicht eingefangen.
Doch keiner muß aufs Essen warten,
denn heute gibt es Satansbraten!«

Die Gesellschaft gibt sich schnell
multikonfessionell.
Zitieren Brecht mit einem Mal:
»Erst kommt der Bauch, dann die Moral!«

Natürlicher Landbau

Bauer Harmsen, recht gerissen,
möchte folgendes mal wissen:
Ob, wenn er sich ganz umstelle,
der Verdienst nach oben schnelle?

Denn die Nachbarn machen nur,
Landbau streng nach der Natur.
Nach exaktem Kalkulieren,
sieht man ihn dies ausprobieren.

Doch er hat damit kein Glück,
setzt den Trecker forsch zurück,
und steht, zwar mit dem Hänger nur,
der Länge nach im Häuserflur!

Auch läuft - welch Pech - in voller Fülle,
aus dem Faß die ganze Gülle.
Nach diesem Vorfall Harmsen schrie:
»Scheiß'auf die Ökologie!«
Und er betrieb den Hof, meist heiter,
auf die alte Weise weiter.

Ein Beruf stirbt aus

Der Wegbereiter hat es schwer,
ihn schmerzt sein Hinterteil so sehr.
Auch fühlt im Schritt er eine Pein,
das ist ein großer Kieselstein.

Denn der blieb beim Bereiten lose
und schlüpfte in den Latz der Hose
des leidgeplagten Wegbereiters,
dieses armen Außenseiters.

Anderswo wird schon seit Jahren
richtig fortschrittlich verfahren.
Wege werden nicht beritten,
weil die Reiter Qualen litten.
Sogar auf alpinen
Pfaden tun's Maschinen.

Da hat's der Wegbereiter leicht,
wenn er ab und an mal schleicht,
– ohne brennenden Popo –
(ach, wie ist der Mann da froh!)
über üble Holperwege
und marode Stolperstege.

Und freudig ruft er: »Seht mal her,
ich bin kein Wegbereiter mehr!«

Herr Reimann und Herr Lehmann

Eine Gesprächsnotiz aus Offenbach

R.: »In Frankfurt traf ich Heine...«
L.: »Sagen Sie, ich meine...«
R.: »Wie heißt er noch...?«
L.: »Ach, der ist doch...«
R.: »In der U-Bahn mitgefahren!«
L.: »Nie! Vor mehr als hundert Jahren...«
R.: »Doch, er saß gleich nebenan...«
L.: »Meinen Sie,...den Heinemann?«
R.: »Der Heinemann? Von dannen schlich er,
 Juli '76 wich er...«
L.: »Heine, Heine? Man wird sehn...!
 Hinkte er beim Vorwärtsgehn?«
R.: »Das eine weiß ich noch genau...«
L.: »Wie war denn so sein Körperbau?«
R.: »Ich trank mit ihm ein Bier im Stehn.«
L.: »Mensch, das war der Heineken!!!«

Heimweh

Am Ufersaum der Dardanellen,
da lebten einst zwei Junggesellen.
Der eine war schon leicht vergreist,
der andere weit hergereist.

So lotsten sie das Schiffsgedränge
tagtäglich durch die Meeresenge.
Der Alte im Beruf seit Jahren,
war früher selbst zur See gefahren.
Ob Frachter, Tanker, Segelschiff,
Freund Jussuf hatte sie im Griff.

Hans Ulrich, den das Heimweh quälte,
zu oft die falsche Route wählte.
So ist, obwohl sie Notruf morsten,
gar manches Schiff am Fels zerborsten.

Der Zustand war nicht zu ertragen,
da hörte man den Jussuf fragen:
»Sag an! Was denkst du dir dabei?«
»An meine Mama, Lorelei!«

Rein prognostisch

Und plötzlich liegst du da, geboren
unter gleißend hellem Licht.
Du siehst Schwestern und Doktoren,
doch du wolltest dieses nicht.

So im Alter von zwei Jahren
kämpfst du dann so manche Kämpfe.
Dies mein liebes Schätzchen waren
frühkindliche Fieberkrämpfe.

Keine Panik! Mußt nicht warten,
gleich gehts weiter mit Gezeter.
Spätestens im Kindergarten
kriegst du deinen Ziegenpeter.

Der Druck im Bauch war anfangs leicht,
doch die Schule straft drakonisch.
Auch wenn du denkst: »Verdammt, es reicht!«,
wird die Gastritis trotzdem chronisch.

Im Jugendsport wirst du gehetzt,
doch du sollst es nicht kapieren.
Sondern, so ist's festgesetzt,
dir manch Gliedmaß frakturieren.

Viel Beruf und noch mehr Ehe,
ja mein Kind, so wird dies wohl,
führen dich, welch Ach und Wehe
just zu König Alkohol.

Bist du erst ein Silberrücken
dann verfolgt dich überall,
sowohl beim Heben wie beim Bücken
Herzinfarkt und Schlaganfall.

Letzterer kommt gerne wieder,
seine Opfer einzukesseln,
und, nach manchem Auf und Nieder,
sie ans Gitterbett zu fesseln.

Dort wartest du, mit schiefem Mund,
– lächelst manchmal ganz verstohlen –
bis der Sensenmann tut kund:
»Es ist Zeit, dich abzuholen!«

Angst? Weshalb? Kann gar nicht sein!
Wie du fühlst dich schrecklich matt?
Ich zitiere doch nur ein
ganz normales Krankenblatt!

Über Ärzte

Es ist geschnitzt aus edlem Holz:
Herr Doktor Herbert Hagestolz.
Er schreitet kühn des Wegs fürbaß
zu Martha Mühsams Aderlaß.

Ein hoher Druck derselbgen Blutes
ist ungesund und heißt nichts Gutes.
Doch Herbert denkt, ja dies ist wahr,
ausschließlich an sein Honorar.

Der Grund für Marthas Hochdruckkrise
sind Forderungen, just wie diese:
Stark überhöht! Dies scheint teutonisch.
Die Krankheit wurde hierdurch chronisch.

Der Martha Marter war sehr groß:
»Der Doktor kommt, was mach' ich bloß?«
Es naht geschwind der Medikus...
und übersieht den Omnibus.

Makaber, doch aus diesem Grund
ward Martha Mühsam schnell gesund.
Und Herbert kann gewißlich sagen,
daß Würmer Edelhölzer nagen.

Rosarot mit Pausebäckchen

Rosarot mit Pausebäckchen
klemmt der kleine Max im Wagen.
Nuckelt an 'ner Zuckerstange,
prustet laut im Überschwange
auf sein Hemd ein Wohlstandsfleckchen.
Zur Belohnung streichelt auch
Mutter seinen dicken Bauch.

Ihre Liebe ist gar groß
zu dem wohlgenährten Kloß.
Sie denkt machmal mit wehem Herz
an andrer Kinder Leid und Schmerz.
An Hungersnot und Seuchenwüten,
an Klebstofftod aus Plastiktüten.

»Unser Herrgott wird schon walten!«
Liebkost darauf dem Speck die Falten,
und sie meint ganz wohlgemut:
»Welch ein Glück, wir haben's gut!«

Schlecht vorbereitet

Durstig, müde, ausgezehrt
schleicht durch die Sahara,
niemand hatte sie belehrt,
schlappen Schrittes Klara.

Sieht mit einem Male
vor sich die Spelunke.
Kurz vor dem Finale
lädt sie ein zum Trunke.

Klärchen kommt dies spanisch vor,
Gasthaus wirkt verschwommen.
Hat nur eine Fata Mor
gana wahrgenommen.

Zu Hause wird das Mädel sich
erstmal tüchtig laben,
und in Zukunft vorsorglich
'nen Wassersack mithaben.

Sehnsucht nach Lipari

Am Stromboli, einem Vulkane,
dort lebte, lang ist's her, mein Ahne.
Denn dieses Berges Feuerglut
tat seinen kalten Füßen gut.

Sein Unglück war, daß, ihr wißt,
der Berg im Land Italien ist.
»Mir fehlt«, so klang Altvaters Wort,
»der Draht zur Sprache hier am Ort!«

Und als ein Mann mit Konsequenzen,
da überschritt er Ländergrenzen.
Er siedelte, so war dies wohl,
auf einem Berg im Land Tirol.

Ja, hier verstand er nun die Leute.
Mein Gott, wie sich der Mann da freute!
Doch schon beim allerersten Schnee,
da taten ihm die Sohlen weh.

Beim Reiben seiner Füße Ballen
sind ihm drei Worte eingefallen.
Sogleich er Richtung Brenner schrie:
»Ritorno, mio Stromboli!«

Vom Gedanken Schrankenlos

Der Gedanke Schrankenlos
trieb dahin auf einem Floß.
Auf einmal – welch ein Schreck!
Da war er plötzlich weg.
Ich denke, man kann sagen:
Er wurde übertragen!

Der Gedanke Schrankenlos
taumelte im Wind.
Tänzelte ganz sorgenlos,
fröhlich wie ein Kind.
Diesem war er ausgekniffen
und wurde nicht mehr aufgegriffen.

Der Gedanke Schrankenlos
fliegt, wenn man ihn läßt.
Gerne würde er, doch bloß:
Es hält ihn jemand fest.

Der Gedanke Schrankenlos
ist gar tief gekränkt.
Wegen eines Einfalls bloß
hat man ihn verdrängt.

Der Gedanke Schrankenlos
begab sich auf die Reise,
ohne Gruß noch Abschiedswort,
ganz auf seine Weise.
Still und leis' ist er gegangen,
niemand hat ihm nachgehangen.

Den Gedanken Schrankenlos
hört man traurig klagen.
Jemand hat ihn rigoros
sich aus dem Kopf geschlagen.

Stellungswechsel

Heinrich Funke, Fleischermeister,
liebt den Trunk, deswegen heißt er
mit Spitznamen FUNKENBOLD.
Sogar die Kundschaft ist ihm WURST.
»Was woll'n se? N'en LEBERDURST?«
Hört man den Heinrich manchmal lallen.

Neulich war er noch viel dreister!
Sein Beruf sei JÄGERMEISTER,
hat zur Antwort er gegeben
als er mal gefragt wurd' eben.
»Tach Frau Mai, wir haben hier
vorzügliches SCHINKENBIER!«

Weil er so die Wörter häckselt,
hat er den Beruf gewechselt.
Heinrich im Getränkeladen
sorgt für reichlich Spott und Schaden.

Hier verkauft er - immer ZU,
BIERSCHINKEN und PILSRAGOUT.

Tapetenwechsel

Am Nachmittag im Cafe »Bauer«
erklingt ein Lied, erfüllt von Trauer.
Man spielt heut' für Robert Steiger.
Dieser war der Erste Geiger.
Seit Wochen nun schon totgesagt,
wird so der Künstler jetzt beklagt.

Vis à vis im Cafe »Meise«
tönt lustig die Zigeunerweise;
und die Paare tanzen locker,
keinen hälts auf seinem Hocker.
Da stellt sich vor, macht 'nen Verneiger,
der Robert Steiger,...Sologeiger.

Zeitweilig

Die Uhr dreht folgsam jede Stunde
ihre vorbestimmte Runde.
Doch auch wenn sie stille steht,
unaufhaltsam Zeit vergeht.

Wenn ein Mensch dies noch nicht glaubt,
daß die Zeit auch ihn beraubt,
soll er in den Spiegel blicken,
und er wird erkennend nicken:

»Die Zeit, sie hat auch mich betrogen,
das volle Haar, es ist verflogen.
Dort wo einst mal Locken wallten,
Altersfurchen sich gestalten.«

Wenn nun der Blick zur Wand abschweift,
der Mensch noch immer nicht begreift:
Zeitgeschehn hat nicht die Spur,
was zu tun mit einer Uhr!

Prophylaxe

Wenn ein Mensch mal Bockmist macht,
ist dies normal, keine Gedanken.
Das gibt sich wieder über Nacht,
dies eine Mal macht keinen Kranken.

Doch wird der Zustand plötzlich chronisch,
ich meine dies gar nicht ironisch,
dann soll man in die Zukunft blicken
und ihn zum Proktologen schicken.

Proktologe: Facharzt für Erkrankungen des Mastdarmes

Ritter Kunibert

Die Ritterrüstung nicht mehr blitzt,
der Kunibert hat sie verschwitzt.
Denn beim Kampf auf den Komoren,
triebs ihm das Wasser aus den Poren.

Der Edelmann war sehr verdrossen
und hat darauf sogleich beschlossen:
»Muß ich bekämpfen böse Schergen,
tu ich dies nur noch auf Spitzbergen!«

Der Kunibert gerade schlief,
als die Mutter rief: »Ein Brief!«
Er dachte wohl, es sei nur Spaß,
als er in dem Schreiben las:

»Du Kunibert, hier ist Spitzbergen.
Vertreibe uns die wilden Schergen!
Sei als Kämpfer uns zu Nutzen.
Doch vorher: Bitte Rüstung putzen!«

Zweites Kapitel.

Kleine Kunde
der Nichtsnutzigkeit

Zweites Kapitel

Kleine Kunde
der Dichterrunde

Begebenheit

Sensation im Klassenraum:
Ja gibt's denn das? Man glaubt es kaum!
Mit geheimnisvollem Beben
beginnt der Saal sich zu erheben.

Er umkreist das Schulgelände,
der Herr Lehrer ringt die Hände.
In der letzten Reihe sitzt:
Erich K. und lacht verschmitzt.

Begegnung

An der Küste von Nordstrand
ein Herr des Abends einsam stand.
Über's Meer der Mann sinnierte,
als ihn etwas irritierte.

Kam auf weißem Roß geritten,
– dieses sei hier unbestritten –
einer der die Frage wagte,
wer er sei, und dieser klagte:

»Früher war ich einmal Richter,
jetzt bin ich Novellendichter.«

Drauf der Reiter
trabte weiter.
Theo Storm
fand dies abnorm.

Borniertheit

Hoffmann, E.T.A., traf nie
Mademoiselle von Scudery.
Denn als der vor Liebe bebte,
diese lang schon nicht mehr lebte.

Der enttäuschte Don Juan
klagt sein Leid dann irgendwann
seinem Kater, Murr genannt,
der darob wie folgt befand:

»Du mit deinen kranken Schriften,
wirst dir noch den Geist vergiften!
Lieber Herr, sei doch nicht dumm.
Schau dich nach was andrem um!«

Hoffmann in Person gespalten
und mit Sinn für das Abstruse,
wechselte, erst sehr verhalten,
mit Erfolg zur Tonkunstmuse.

Seine Oper heißt ›Undine‹,
doch genesen ist er nie.
Die vier Worte stehn al fine:
›Für Fräulein von Scudery‹

Die Erfindung

Zu Schiller sprach der Wolfgang Goethe:
»Gibt's denn keine größ'ren Nöthe,
als die Welt in Reime gießen?«

Drauf die Antwort von F. Schiller:
»Es gibt noch keinen Tintenkiller!
Wir müssen das, was wir verfassen
erstmal noch so stehen lassen.«

Als es dann den Killer gab,
waren Beide schon im Grab.
Niemand wollte nun verwenden,
was gefehlt in Schillers Händen.
So blieb uns das Werk erhalten,
das verzapft die beiden Alten.

Enttäuschung

In der alten Heimat fand
Georg einen Zeitungsstand.
Nahe dem Platanenhain
nahm er Platz auf einem Stein.

Ein bekanntes Springerblatt
er in seinen Händen hat.
Schnell der Inhalt ist erfaßt,
und der Schorsch vor Schreck erblaßt:

»Wie konnt' es kommen gar so weit,
mit der neuen Pressfreiheit?
Schändliches Geschmiere nur,
besser ist hier die Zensur!«

Wütend springt Herr Büchner auf
und beschimpft der Zeiten Lauf.
Eilig er von dannen strebt,
verfluchend das, was er erlebt.

Mißverständnis

»Guten Tag, bin Hermann Hesse.«
»Servus, heiße Lui aus Bayern!«
»Hesse mit Familiennamen!
Schon recht lustig, war man feiern?"

»Hörte nach ›Hermann‹ ein Koma.
Vergeben sie dem Ludwig Thoma?«

Recherche

Als ich jüngst nach Frankreich fuhr,
(grad' für ein paar Tage nur)
kam es just mir in den Sinn,
(wenn ich schon einmal hier bin)
mir die Hauptstadt anzusehn
und in ein Bistro zu gehn.

Drinnen an der Kneipenwand
ich ein Bild von Ihnen fand.
Drauf der Wirt erklärte mir,
daß Sie wärn des öftren hier
in den Zwanzigern gewesen,
da wo ich jetzt sitz am Tresen.

Unvermittelt frug ich: »Sie,
bin ich etwa in Clichy?«
»Ja!«, der Thekenmann laut röhrte,
(was ich beinah überhörte)
denn der Fahrzeuglärm von draußen
erzeugte bei mir Ohrensausen.

Nun mal ehrlich, Henry Miller.
War's dort damals wirklich stiller?

Selbstmitleid

»Das Reimen, es ist für die Katz'!«
Entfuhr dem Dichter jüngst der Satz.

»Dies ist alles nur Geschwatz,
Herr Joachim Ringelnatz!«

Verlegergespräch

»Nun, was machen die Romane
betreffend die ›Rougon-Macquart‹?
Der über die Kurtisane
sei schon fertig, ist das wahr?«

»Lieber Freund, was soll ich sagen?
Könnten Sie nicht später fragen?
Denn mit Mademoiselle Nana,
geht es grade Zo la la!«

Zwiegespräch

Gedicht an Dichter

Lieber Autor!
Ich bin sauer.
Dein Gehirn umgibt 'ne Mauer!
Auch warst du früher schlauer,
nun schreibst du wie ein Bauer.
Und dein Ton, ein garstig rauher
wird mit der Zeit nur immer flauer.
So geht das nicht gut auf Dauer,
werde endlich mal genauer,
dann winkt auch wieder mal ein Blauer.
Ansonsten trag' ich große Trauer.

Dichter an Gedicht

Verfluchtes Gedicht!
Ich könnte dich verbläuen!
Ohne es zu reuen,
rügst du deinen Getreuen!
Und ich soll mich noch freuen?
Such' dir doch zum Vertäuen
Verdammt nochmal 'nen Neuen!

Drittes Kapitel

Fabelmund
und Zufallsfund

Jumbo

Jumbo, jetzt schon reich an Jahren
ward' von 'nem Laster angefahren.
Dabei das Elefantenmännchen verlor,
welch Pech, sein Riechorgännchen.

Die Operation sie war schwer,
doch stümperhaft der Vetrinär.
Nun hängt ihm runter bis zum Bauch,
ein angenähter Gartenschlauch.

Auch Arbeit wurde ihm beschieden,
dem leidgeplagten Invaliden.
Die Stellung hat er jetzt schon länger:
als tierisch großer Rasensprenger.

Streifenhorn zum Ersten

Das Streifenhorn ist voller Zorn!
Man nennt es ständig »Hörnchen«.
Sein Leibgericht, das Samenkorn,
ist auch nicht nur ein Körnchen!

So trägt es seine Klage vor
dem Redakteur des Duden.
Der findet's fast schon unverschämt,
ihm so was zuzumuten.

So wird aus dem Hörnchen kein Horn,
das Körnchen des Samen bleibt Korn.
Es regelt die Statuten ganz allein der DUDEN!

Gesetzt den Fall...

Die Kuh im hohen Norden,
an Sturm ist sie gewöhnt.

Die andere im Süden
wird häufig warm geföpt.

Würden sie vertauscht mal grasen,
gäbe dies nur Schnupfennasen.

Auch Tiere haben Mitgefühl

Drunten im Tal, wo die Milchmädchen sitzen
und voller Qual in der Sonne stark schwitzen,
wiegen die Kühe ihr Euter mal her
und wieder hin, das fällt ihnen nicht schwer.

Milchmädchen tasten mit fahrigen Händen
nach heftig pendelnden Kuheuterenden.
Greifen, es grenzt schon an Hexerei,
am rosa Zipfelchen ständig vorbei.

Mit schwingender Drüse lacht da die Kuh,
findet es lustig und ruft laut: MUH!
Traurig jedoch ist der Milchmädchen Blick,
tragen, laut weinend, ihr mißlich Geschick.

Worauf jede Kuh mit dem Pendeln aufhört.
Milchmädchen sehen sich an, leicht verstört,
und machen wie vormals, meist durchweg heiter,
mit Milchzapfen fleißig und liebevoll weiter.

Das Verbot

Das Waldkauzkind ist heute traurig,
denn seine Mutter schrie gar schaurig:
»Du sollst nicht mit den Wölfen heulen,
du gehörst doch zu den Eulen!«

Worauf das Kind sagt zu den Wölfen:
»Ich darf nicht heulen mit euch Zwölfen!
Denn es meint von Baumessäule
meine Mutter ich sei Eule!«

Worauf dann auch alle zwölfe
– es geht immer noch um Wölfe –
diesen Ort enttäuscht verlassen
und den Sachverhalt erfassen:

daß zur Nacht, da hilft kein Maulen,
sie alleine müssen jaulen!

Federlesens

Mit fremden Federn schmückt sich gerne,
wem Reichtum will nicht recht gedeihen.
Meist holt er sie aus weiter Ferne,
vom bunten Urwaldpapageien.

Doch die des heimatlichen Raben
will ums Verrecken keiner haben.
Drum wird er, immer gut gekleidet,
vom nackten Papagei beneidet.

Der Gast

Ein Walroß lag, vor Heimweh krank,
entkräftet auf der Seehundsbank.
Die Gefahr sah jeder, klar.
Weil man schließlich Sehhund war.

Sie gaben ihm vom besten Fisch,
bis es sich fühlte wieder frisch.
Als Dankeschön für gute Pflege
sprach das Roß zum Hund: »Kollege!

Da ich ein altes Wahlroß bin,
wähle ich den Weg dorthin,
wo ich einstmals mich vermählt
und man heut'noch auf mich zählt.

Macht ihr in meiner Heimat Rast,
bin ich der Wirt, und ihr seid Gast!«
Ins Meer liefen: bleibt zu erwähnen...
mit ihm die Seehundstrauertränen.

Gespräch mit Gott

Ein Zebra traurig sagt zum Herrn:
»Ich hätte meine Streifen gern
in einer andren Richtung laufen!«

Da sprach Gott Vater hoch im Himmel:
»Was soll denn dieser blöde Fimmel?
Oder kommt das gar vom Saufen?«

»Nein, güt'ger Herr groß wär'mein Dank,
die Streifen längs, das macht schön schlank.
Ich könnte zu mir selber finden,
meine Komplexe überwinden.«

Der Schöpfer schreit: »Schluß mit dem Ganzen!«
So frißt es weiter maßlos Pflanzen.

Die Übermacht

Das Opossum ist alleine.
Drum herum sind Stachelschweine.
Derer großen Anzahl wegen
ist es diesen unterlegen.

Das Opossum ist zu zweit
eher schon zum Streit bereit.
Doch der Rat des Kameraden
lautet: »Gehn wir lieber baden!«

Das Opossum ist zu dritt.
(Es nahm noch ein weitres mit.)
»Jetzt wirds ernst, Jungs. Sucht das Weite!«
Raunt man auf der Schweineseite.

Das Opossum hat zu acht
stolz gesiegt und laut gelacht.
Über schlechte Urwaldstraßen
sieht man Stachelschweine rasen.

Das andre hängt stets ab vom einen.
Auch hier könnte man dieses meinen.
War doch entscheidend allemal
die richtige Opossumzahl.

Ignoranz

Der Hahn lebt auf dem Bauernhof
und findet den Kollegen doof,
der oben auf dem Dache wohnt
und stumm am Giebelende thront.

Doch diesem ist dies schier egal,
dreht er sich doch mit einem Mal,
wenn Bauers Gockel kräht erbost
schlicht und einfach nach Nord-Oost.

Kettenreaktion

Der Bauer hat das Gras gemäht.
Gemäht hat auch das Schaf.
Es war vom frischen Gras gebläht,
drum fand es keinen Schlaf.

Mexikanisches Intermezzo

Der Kaktus, eine Sukkulente,
war einmal mit dem Ambiente
seines Standorts nicht mehr froh;
Südchihuahua, Mexiko.
Dies gestand er beim Souper
einer kleinen Orchidee.

Er haßte diese trockne Gegend.
Sich langsam auf sie zu bewegend
raunte er in sanftem Baß:
»Ich bin lang schon auf dich naß.
Wir könnten doch als Ehepaar
bei dir zu Haus im Feuchtklima,
wenigstens einstweilen,
unser Leben teilen!?«

Die Holde gab gekränkt zurück:
»Ich halte nichts von halbem Glück.
Vielleicht wirst du, einstweilen,
dies für ein Weilchen peilen!?«

Allein sie fuhr – es blieb der Galan –
in ihre Heimat Yucatan.
Dieser nach wie vor erblüht:
in Mexiko, Chihuahua Süd.

Chihuahua sprich: Tschiwawa

Methangasvariationen

Ein Hasenfurz, ein Hasenfurz
ist schlicht und kurz.So sagt die Regel.
Ist es gebläht, ist ihm dies schnurz.
Da wird das Löffeltier zum Flegel.

Der Mäusefurz, der Mäusefurz,
ist in der Regel schlicht und kurz.
Doch ist dem Tier im Magen bang,
da wird das Lüftchen schon mal lang.

Die Blähungen vom Wal,
sie füllen einen Saal.
Doch das ist Theorie,
gesehn hat man's noch nie.
Denn des Wales Fürze,
dies in aller Kürze,
so sagt euch der Verfasser,
die bleiben unter Wasser.

Wer zuletzt lacht…

»Was macht der Marder auf der Leiter?
Guck, da scharrt er, kommt nicht weiter!«
Spricht die Henne zu dem Hahn,
»Schau ihn an, den Blödian!«

Plumps! Da liegt er auf dem Rücken,
Hühnerpaar lacht mit Entzücken.
Doch vor lauter Feixerei
entweicht der Glucke just ein Ei.

Unser Marder, ganz entspannt,
fängt, was ihm das Huhn gesandt,
liegend mit dem Schnäuzchen ein.
Hühnervolk schaut nur dumm drein.

Mardermännchen ohne Bange
ruft hinauf zur Hühnerstange:
»Wollte euch nur einmal testen.
Wer zuletzt lacht, lacht am besten!«

Eierdieb, rundum zufrieden,
trägt nach Haus, was ihm beschieden.
Hühnerfrau: »Oh Hahn, verzeiht es!
Mir entgleitet noch ein Zweites!«

Robert

Des Seehunds Robert klarer Blick
hatte einen Optikknick,
und er begann beim Jagen
allmählich zu versagen.

Auch rammte er den Kalle,
die fette Feuerqualle,
die lang schon seiner harrte
und Robert böse narrte.

Sein Schnäuzchen heftig brannte,
wie er dies noch nicht kannte,
und er traf den Entschluß,
daß sich was ändern muß.

Die Unterwasserbrille
war zwar nicht sein Wille.
Doch schützte sie vor Fallen,
der unliebsamen Quallen.

So schwamm er glücklich weiter,
wenn auch als Außenseiter:
Denn jetzt stand er im Range
der Seehundbrillenschlange.

Zeitgleich

Wochenend im Wiesental,
sanft schläft die Natur.
Betriebsamkeit herrscht wieder mal,
nebenan im Flur.

Grüne Gräser wiegen sich
leicht im kühlen Wind.
Gegenüber ärgert dich
dein Nachbar, der heut' spinnt.

Laut schlägt er 'nen Haken ein
in seiner Schaffensphase.
Das gleiche tut am Wegesrain,
vom Lärm erschreckt, ein Hase.

Afrika 1984

Die Geier auf dem Baum sich dachten:
der Löwe sieht ja lecker aus!
Doch als sie an ihn ran sich machten,
da packte sie der kalte Graus.
Denn dieser hat sie ausgebuht,
er hatte sich nur ausgeruht!

Vergänglichkeit

Am Zustand erkrankt, von Blumen umrankt
steht einsam das Bahnwärterhäuschen.
Vom Käse die Rinde, knabbert geschwinde
dadrinnen das Bahnwärtermäuschen.

Häuschen und Rinde sind, wie ich finde,
stumme Zeugen der Zeit.
Das Mäuschen im Häuschen macht grad' ein Päuschen
und denkt: »Ob es heute noch schneit?«

Streifenhorn zum Zweiten

Unser Hörnchen mit den Streifen
wollte dies doch nicht begreifen.
Wendete sich mit dem Ganzen
nun an andere Instanzen.

Beim Standesamt ließ es nun klären,
wie denn wohl die Chancen wären,
wenn es - ehelich verbunden -
wen mit Namen Horn gefunden.

Der Beamte darauf fragte:
wer denn wohl 'ne Bindung wagte
mit 'nem Streifen – wie auch immer –
würde teilen Bett und Zimmer?

Als er darauf NASHORN hörte,
dieser furchtbar sich beschwerte;
erklärte barsch dem kleinen Wicht:
Aufgrund der Größe geht das nicht!

So kann es weiter, trotz der Klagen,
keinen neuen Namen tragen!
Nashorn wohnt, das wußt es nicht,
in 'nem anderen Gedicht.

Verwechselung mit Folgen

Der Hühnerhabicht Heinrich
hat sich ganz augenscheinlich
geirrt, auch wenn er felsenfest
behauptet: »Es war doch mein Nest!«

Gleich nach der Hochzeitsfeier
sah er vor sich die Eier
und dachte sich im Vaterglück:
»Dies hier wird mein Meisterstück!«

Er setzte auf's Gelege
sich, und betrieb die Pflege.
»Ich bin auf meinen Nachwuchs stolz!«
Der Heinrich klopfte froh auf Holz.

Beendet war die Zeit der Brut
und Habicht Heiner, rot vor Wut,
war nicht mehr derselbe.
Sah er doch lauter Gelbe!!!

Der erste Schreck war bald verdaut.
Den Heinrich, etwas angegraut,
sah man getreu verrichten
die Hühnervaterpflichten.

Der Gute öfter resigniert
gedankenvoll gen Himmel stiert.
Dem Alten gleich sieht man dies tun:
ein kleines gelbes Habichtshuhn.

Vom Wege abgekommen

Die Krabbe ging zum Meeresstrand,
den Weg zurück sie nicht mehr fand.
Nun liegt sie neben einem Aal
im Nordseefeinschmeckerlokal.

Jörg, der Specht

Die Laune schlecht,
verklärt im Traum,
klemmt Jörg, der Specht,
an seinem Baum.

Gar schwächlich er
die Rinde hämmert.
Der Kopf ist schwer,
der Blick belämmert.

Nach seines Loches Wärme
sehnt er sich sicherlich,
plagt ihn doch im Gedärme
ein Reißen , denn er schlich

am Vortag auf dem Boden
gar sturzbesoffen heim.
Die wundgeschliffnen Hoden,
sie hindern lästig beim

Borkeschlagen
tack-tack-tack.
Unbehagen!
Klack-klack-klack.

Nach unsäglichen Leiden
gibt er sich einen Ruck.
Sein Schicksal kann nicht meiden
ein Specht der Spezies: Schluck.

Streifenhorn zum Dritten

Den Winterschlaf hat es durchwacht,
und nur an sein Problem gedacht.
Ganz genau! Das mit den Streifen,
will es wieder nicht begreifen.

Es hat nur vor sich hin gedöst,
das Rätsel ist noch ungelöst.
Das Hörnchen seelisch eingeknickt,
wird in die Psychiatrie geschickt.

Mitten in der Analyse
öffnet sich die Tränendrüse.
Der Arzt, er stellt die Diagnose:
Minderwertigkeitspsychose.

Kuriert wird diese durch 'nen Trick,
und der gibt einen Wahnsinnskick:
dem Doktor fällt die Lösung ein,
man einigt sich schlicht auf: LATEIN.

»Tamias sibiricus«
nennt es sich stolz und damit Schluß.
Nie mehr Hörnchen auch nicht Horn.
Vorbei das Zörnchen! Oder Zorn?

Wetterleiden

Dort wo sonst die Nebelschleier
geisterhaft im Tale sitzen,
stehen nun die grauen Reiher
dicht an dicht und müssen schwitzen.

Denn die Dünste sind verschwunden;
wurden quasi aufgelöst,
von der Sonne, die am Himmel
bis vor kurzem noch gedöst.

Die Hitze kriecht tief ins Gefieder,
schwüle Wärme klebt wie Teer.
Und sie denken immer wieder:
»Wenn doch bloß noch Nebel wär'!«

Der Reigen der Lämmer

In Lämmerspiel, in Lämmerspiel
da hat es gar der Lämmer viel.
Die halten es ganz wie die Alten,
nen Ball die Kleinen anverstalten.

Der Lämmerschwanz, der Lämmerschwanz
der wackelt süß beim Lämmertanz.
Wie er so pudelnärrisch wackelt,
hat's bei der Lämmerin gefackelt.

Die Lämmerfrau, die Lämmerfrau,
die wüßte gern einmal genau,
ob's Lämmermänner traurig stimmt,
wenn man dem Schwanz das Wackeln nimmt?

Der Lämmermann, der Lämmermann
fragt sich beim Tanz dann irgendwann:
»Was ist nur mit dem Schwänzchen los,
was hat das Ding auf einmal bloß?«

Den Lämmerschwanz, den Lämmerschwanz
den hält mit ihren Händen ganz
fest die kleine Lämmerfrau,
bis das Schwänzchen fast schon blau.

Beim Lämmertanz, beim Lämmertanz
gibt's einen Streit im Lichterglanz.
Bei zweien hat's danach geschnackelt,
worauf das Schwänzchen wieder wackelt.

Der Lämmerhirt, der Lämmerhirt
irrt durch den Saal und ist verwirrt,
denn ihm ist immer noch nicht klar:
Es wackelt hier ein LÄMMERPAAR!

Viertes Kapitel

Unumwunden aufgebunden

Auszeit

Stumm und träge hängt das Glöckchen
rum im Turm die meiste Zeit.
Traurig schweigt sein Kupferröckchen,
trist ist die Befindlichkeit.

Schwelgt im Glück zur vollen Stunde,
wenn der Klöppel es berührt,
und in seinem Innenleben
einen wilden Tanz vollführt.

»Dieses Klingen! Welch' ein Tönen!
Mach'doch weiter, werd' nicht schwach!
Sollst mich immerzu verwöhnen,
Stund' um Stund' gar mannigfach!«

»Liebes Röckchen«, spricht der Schlegel,
»darfst dich bald schon wieder freu'n!
Momentan streich'ich die Segel.
Komme wieder um Punkt Neun!

Treue

Zwei Fliesen nachbarschaftlich lebten,
sie Terracotta hießen.
Nach Zweisamkeit die beiden strebten.
Probleme machte diesen:
Es trennte sie 'ne Ritze
bei größter Liebeshitze.

Das Leiden war unsäglich,
für sie schier unerträglich.
Der Handwerker, der kluge,
verschloß darauf die Fuge.
So sind sie nun schon viele Jahr',
ein unzertrennlich' Fliesenpaar.

Der Absturz

Das Cordon Blöh
flog in die Höh`.
Man fragt nach dem Verbleibe,
als Zeuge seiner Reiselust
die Schweizer Käsescheibe.

Auf halbem Wege habe sich, das Cordon Blöh gespalten.
Da konnte sie sich mittendrin auf einmal nicht mehr halten.

Kurz vor dem Sturze sah sie noch, jemanden traurig winken;
so fliegt vermutlich mit ihm mit, ganz ungewollt der Schinken.

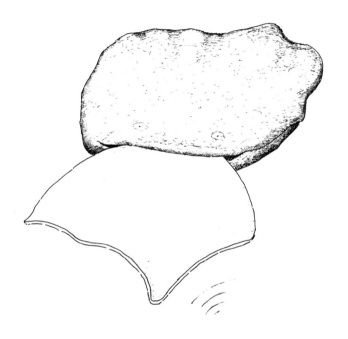

Berichtigung

Das Morgenbrot zum Spätstück spricht:
»An dir gefällt mir etwas nicht!«
Drauf dieses meint ganz frei und frank:
»Auch du scheinst mir ein wenig krank!«

Nach langer Zeit des Überlegens,
doch die war keinesfalls vergebens,
wird nun den Komposita
mit einem Mal der Fehler klar.

Das Brot nimmt sich des Abends an,
das Stück hängt vorn ein Früh sich dran.
Gemeinsam trinken sie Kaffee,
und alles ist wieder o.k.

Im Innern

Rot steht vorn!
Nein, doch nicht.
Denn der Dorn
des Grün jetzt sticht
durch das kleine Löchlein raus,
schafft sich Platz und will hinaus.

Im Innern knarrt es,
denn was Schwarzes
schiebt sich keck an ihm vorbei.
Anstand ist ihm einerlei.

Gewinner ist dann doch das Blau,
denn dieses weiß es ganz genau:
bei solcherlei Aktionen,
pflegt man Traditionen.

Wer ist es, den der Kampf betrifft?
Richtig, der Vierfarbenstift!
Dieser freut sich, lacht gar viel,
denn er liebt das Minenspiel!

Die Lehre

Ein Sturm fegt durch der Bäume Wipfel,
beim Tännchen wackelt nur der Zipfel.
Worauf dem kleinen Tannenmann,
'ne Träne aus dem Äuglein rann.

Dies Trauerbild den Nachbarn quälte,
der seine Jahresringe zählte.
»Sei beruhigt, du junges Ding!
Die Sache gibt sich, Ring für Ring.

Auch du wirst einmal irgendwann
groß sein wie die andern. Dann
wirst auch du im Wind gewiegt,
auf daß sich dir der Wipfel biegt!«

Mit Einsicht in die Zukunft blickt,
ein Knäblein, das zuvor geknickt.
»Der Weg zu meines Lebens Gipfel,
führt über einen Wackelzipfel!«

Burn out

Ein Kugelschreiber sich beklagte,
nach langem Zögern er dies wagte,
bei der hohen Schreiberzunft
und bat um Zusammenkunft.

Tagein, tagaus das ewig Gleiche.
Immer nur »Kugel« schreiben reiche!
Ob, dies täte er sehr gern,
er nicht mal schreiben könnte »Fern«?

Die Antwort war: »Mein Herr, bis jetzt
ist diese Stelle noch besetzt!«
So schreibt er stets in einem fort
mißmutig nur das ›Kugel‹Wort.

Moderne Zeiten

Der Drucker spricht zu dem PEZEH:
»Du brütest doch was aus, gesteh!«
Darauf der PEZEH: »Laß' die Mucken!
Das was ich denk', wirst du nicht drucken.«
Worauf dann dieser frank und frei
begibt sich wieder auf STÄND BEI.

Ruf nach Klarheit

Ein Baum hat sich verlaufen
in einem Schilderwald.
Was soll man dazu sagen?
So sind Begriffe halt!

Dies Problem, es hat Brisanz:
hier muß 'ne Lösung her!
Bevor sich gar ein Fisch mal ganz
verirrt im Blumenmeer.

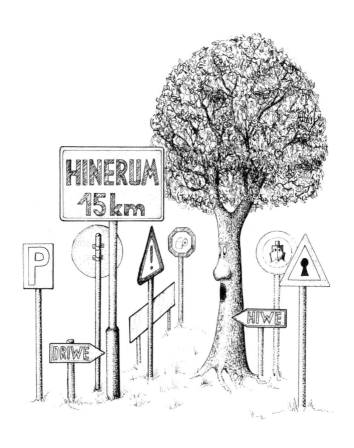

Der Flachspüler

Unverrückbar, gleich der Mauer,
standhaft eisern hält er still,
haftet seit geraumer Dauer,
jener, der nicht weichen will.

Frohgemut und siegessicher
wehrt er ab des Wassers Schwall.
»Glücklich wäre ich, entwich er!«
Klingt der Stimme Widerhall.

In dem Moment, fast wie zum Hohn,
Hoffnung keimt im Menschen auf,
dreht sich der verstoßne Sohn,
verlängert seinen Lebenslauf.

Haftet nun schon fünf Minuten
steht ganz wacker seinen Mann,
trotzt der Wiederkehr der Fluten,
kämpft den Kampf so gut er kann.

Doch dann, nach dem siebten Spülen
weicht der kühne Krieger, nur:
wie es halt so ist bei Stühlen,
hinterläßt er seine Spur!

Der Tiefspüler

Es dümpelt ein Teilchen
von üblem Geruche
nun schon ein Weilchen,
als sei's auf der Suche.

Dreht sich mal rechts,
halb in der Schwebe,
und wieder links,
als ob es lebe.

Stellt sich steil auf,
legt sich dann quer,
der ganze Verlauf
gestaltet sich schwer.

Am Knopfe vom Kasten,
nach füllender Phase
und nach Entlasten
der Überlaufblase,

Zieht - der da steht
und gleich außer Sicht
ist – weil er geht,
der verwerfliche Wicht.

Die Verwechselung

In der Dose vom Kaffee
fand sich eines Tags der Tee.
Ihm ward schlecht von dem Aroma,
denn er fiel sogleich ins Koma.

Wer liegt in der Schwarzteedose
kurz vor der Geruchsnarkose?
Der Kaffee ist's, das ist richtig!
Die Hausfrau war hier unvorsichtig.

Ende eines Gesprächs

Ein Baumstamm sprach zum Hobelspan:
»An dir ist aber nicht viel dran!«
Der meinte nur ganz nebenbei:
»Man sieht sich in der Schreinerei!«

Tags drauf der Hobelspan sich bückt,
kommt extra ganz nah rangerückt.
Zum Sägmehlstäubchen er leis rief:
»Größe ist nur relativ!«

Beim Tischler Tatendrang sich regte,
worauf er gleich den Boden fegte.
Der Kehrricht in den Ofen flog.
So endete der Dialog.

Verfall

Ackerscholle kräftestrotzend,
feucht und braun am Wegrand protzend.
Düfte strömen, Leben giert
schwergewichtig, komprimiert.
Regen fällt; macht platsch, platsch, platsch.
Ackerscholle ist nun Matsch.
Nasser Fleck am Feldessaum,
Trauer, Trübsal. Aus der Traum!

Wärme senkt sich auf sie nieder,
dringt ihr in die schlappen Glieder.
Ein spröder Fladen, ockerfarben,
muß qualvoll in der Sonne darben.

Sturmwind fegt der Bäume Laub,
letzteren zerbläst zu Staub.
Schwarz wie vormals glänzt der Teer.
Ackerscholle ist nicht mehr.

Vertrauen

Der Flieger fliegt,
das Schiff, es schwimmt.
Die zwei sind in Bewegung.
Wenn's unten schwappt
und oben ruckt,
vollzieht sich eine Regung.

Da trafen sie sich jüngst einmal
im Dreieck von Bermuda,
das Schiff, es rief im Scherz hinauf:
»Bleib'doch mal stehen, du da!«

Der Flieger hat dies gleich probiert.
Das Schiff schrie: »Mach'kein Quatsch!«
Doch der war längst schon abgeschmiert,
und machte nur noch: PLATSCH.

Werbegedicht

Es lag einmal ein Zwieback
von allererster Güte
neben einem Einback
in der Verpackungstüte.

Der erste sprach zum zweiten:
»Ich sag's dir frei heraus,
will dir kein' Schmerz bereiten,
doch du siehst bläßlich aus!«

Darauf meinte der zweite:
»Ich werde noch bekannt!
Nur lieg ich noch im Streite
mit der Firma Brandt.«

Das Fest

In Bayern gilt stets großer Dank
der Institution FENSTERBANK.
Die Liebe macht sie sich zunütze,
als gern willkomm'ne Leiterstütze.

Das Freiervolk hat sich gedacht:
Für die wird nun ein Fest gemacht!
An einem Sonntag, Monat Mai,
strömten sie alle dann herbei:

Die Holz-, und Stein-, und Marmorbänke.
Mensch, war das damals ein Gezänke!
Dicht an dicht mußten sie hocken,
und ließen sich vom Trunke locken.

War das ein Singen, Johlen, Feiern...
die Marmorbank begann zu reihern,
und die aus Holz, begab sich stolz
mit der aus Stein ins Unterholz.

Um acht war dann der Spuk zu Ende,
das Ganze nahm 'ne schnelle Wende.
Und sie gingen, wie sie kamen:
Jede in ihr'n eignen RAHMEN.

Fünftes Kapitel

Runde Befunde für die Sekunde

Die Folgen eines Irrtums

Ein Hund sich mit 'nem Hasen paarte,
der vor Schreck im Rasen scharrte.
Nun hängen hungrig ihm am Busen:
Na, was wohl? Richtig! Kleine Husen.

Eine Frage des »Wie«

Streift ein Herr durch Zufall Damen,
gibt's deswegen keine Dramen.
Tut er dies jedoch mit Willen,
endet's manchesmal mit Stillen!

Ein ernstes Gespräch

Dem Burschen mißfiel die rüde Attacke
seiner geliebten Wildlederjacke.
Plötzlich, am Abend, es war gegen acht,
da hat sie sich über ihn hergemacht.
Sogleich ins Gebet Mann den Janker nun nahm.
Darauf war er dann wieder anschmiegzahm.

Wetterfühligkeit

Wenn in heimatlichen Matten
Paare kurz vor dem Begatten,
wieder voneinander lassen
und den Grund dafür nicht fassen,
sollten sie mal hinterfragen:
Liebt man sich an Wintertagen?

Rache

Im Streichelzoo, im Streichelzoo
da grinst das Lama schadenfroh.
Ein Knäblein hat es grad gestreichelt,
drauf hat es dieses eingespeichelt.

Begebenheit am Rande einer Aufführung in Berchtesgaden

Das Urmel aus der Puppenkiste,
auf dreier Berge Kuppen pisste.

Bekanntmachung

Die Zeitung schreibt:
»Im Odenwald wurde ein Bär gefunden«
Das Forscherteam, es meint ganz kalt:
»Er ist nur aufgebunden!«

Ganz frei und unumwunden
dreht am Himmel wolkenleer
gar lustig seine Runden:
der unentdeckte Hubschraubär.

Schicksal

Auf einer Fontäne
tänzelt die Muräne.
Sie kreuzte nun einmal:
den Atemstrahl vom Wal.

Tragische Verwechselung

Ein Hase hoppelt, noch ganz klein,
in den Römertopf hinein.
Er spricht noch schnell ein Stoßgebet,
jedoch selbst damit ist's zu spät.
Der Unfall geht zu seinen Lasten,
ein Topf ist halt kein Hasenkasten!

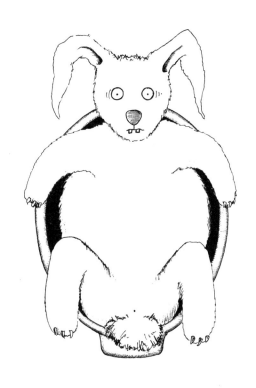

Zungenbrecher

Die kleine welke Wolke walkt Wolle.
Wolle walkt die kleine welke Wolke.
Walkt die kleine welke Wolke Wolle?
Walke Wolle kleine welke Wolke!

Das Blättlein

»Lieber Spiegel, schau mich an!
An mir ist nichts mehr Grünes dran.«
»Weißt du denn nicht, daß du jetzt sterbest?
Du lieber Gott, ist denn schon Herbest?«

Der Geburtstag

Großes Fest im Opel-Zoo:
das Nilpferd ist heut' richtig froh.
Fünfzig Jahre hat's gehalten,
freudig kratzt es sich die Falten.
Wäre früher es verschieden,
hätt' die Falten es vermieden!

Buchbesprechung

»Salz auf unserer Haut« von Benoite Groult

Schmeckt die Haut des Mannes salzig,
ist die Frau bisweilen balzig.

Zwei Geschichten

Ein Adler sitzt auf einem Ast.
Der Horst wurde verlassen.
Er macht hier seine Mittagsrast.
Der Horst kann es nicht fassen.

Paulinchens Abnehmtrick

Die Mutter morgens traf es schlank,
weil Rizinus vorm Schlaf es trank.

Schlittschuhzeit

Im Winter fahren Kinder munter
auf dem Eise rauf und runter.
Klein-Herbert sieht nur Kufen.
Er hat zu leis gerufen.

Versetzt

Ein Einhorn und ein Nashorn,
die haben sich umworben.
Das Rendezvous fand niemals statt,
denn eins ist ausgestorben.

Verzeichnis der Titel

Erstes Kapitel
Profunder Schund mit Hintergrund   9
Der Wettbewerb   10·11
Cafe Absence   12·13
Herr von Gadern   14
Das wahre Gesicht   15
Fräulein Brigitte   16·17
Der Weg   18
Gefährten   19
Auf der Flucht   20·21
Aufruf der Gesundheitsämter   22·23
Arbeitssuche   24·25
Ausflugsfahrt   26
Eheliche Konsequenz   27
Die Überraschung   28·29
Die blanke Waffe   30
Fräulein Suse   31
Kleine Geschichte vom Bilderfälscher   32·33
Konfirmandenstunde   34
Kulinarische Ökumene   35
Natürlicher Landbau   36·37
Ein Beruf stirbt aus   38
Herr Reimann und Herr Lehmann   39
Heimweh   40·41
Rein prognostisch   42·43
Über Ärzte   44·45
Rosarot mit Pausebäckchen   46
Schlecht vorbereitet   47
Sehnsucht nach Lipari   48·49
Vom Gedanken Schrankenlos   50·51
Stellungswechsel   52·53
Tapetenwechsel   54·55

Zeitweilig	56
Prophylaxe	57
Ritter Kunibert	58·59

Zweites Kapitel
Kleine Kunde der Dichterrunde 61

Begebenheit	62
Begegnung	63
Borniertheit	64
Die Erfindung	65
Enttäuschung	66
Mißverständnis	67
Recherche	68
Selbstmitleid	69
Verlegergespräch	70
Zwiegespräch	71

Drittes Kapitel
Fabelmund und Zufallsmund 73

Jumbo	74·75
Streifenhorn zum Ersten	76
Gesetzt den Fall…	77
Auch Tiere haben Mitgefühl	78·79
Das Verbot	80
Federlesens	81
Der Gast	82·83
Gespräch mit Gott	84
Die Übermacht	85
Ignoranz	86·87
Kettenreaktion	88
Mexikanisches Intermezzo	89

Methangasvariationen	90·91
Wer zuletzt lacht…	92·93
Robert	94·95
Zeitgleich	96
Afrika 1984	97
Vergänglichkeit	98·99
Streifenhorn zum Zweiten	100
Verwechselung mit Folgen	101
Vom Wege abgekommen	102·103
Jörg, der Specht	104·105
Streifenhorn zum Dritten	106
Wetterleiden	107
Der Reigen der Lämmer	108·109

Viertes Kapitel
Unumwunden aufgebunden

	111
Auszeit	112
Treue	113
Der Absturz	114·115
Berichtigung	116
Im Innern	117
Die Lehre	118·119
Burn out	120
Moderne Zeiten	121
Ruf nach Klarheit	122·123
Der Flachspüler	124
Der Tiefspüler	125
Die Verwechselung	126·127
Ende eines Gesprächs	128
Verfall	129
Vertrauen	130·131

Werbegedicht	132
Das Fest	133

Fünftes Kapitel
Runde Befunde für die Sekunde

Runde Befunde für die Sekunde	135
Die Folgen eines Irrtums	136·137
Eine Frage des »Wie«	138
Ein ernstes Gespräch	139
Wetterfühligkeit	140·141
Rache	142
Begebenheit am Rande...	143
Bekanntmachung	144·145
Schicksal	146·147
Tragische Verwechselung	148·149
Zungenbrecher	150
Das Blättlein	151
Der Geburtstag	152·153
Buchbesprechung	154
Zwei Geschichten	155
Paulinchens Abnehmtrick	156·157
Schlittschuhzeit	158
Versetzt	159

Danksagung

Wir danken:
Jochen Löb, Rainer Köster, Conny Weselek, Frank Weyrauch, Rene Diehl, Hans Kaffenberger, Werner Mohr, Jörg Neuroth, Thomas Roth, Peter Faelligen, Oskar Marx, Simone Schubert und Claudia Zellmann, sven orth di'zain Michelstadt, dem Neuthor-Verlag Michelstadt, der Literaturhandlung Paperback Bad König, sowie Ingo Porzel für die zündende Idee.

Michelstadt, im Frühjahr '99